# Terug naar Dievenschool

# Terug naar Dievenschool

Dirk Nielandt
Met tekeningen van Helen van Vliet

# LEES N!VEAU

| | ME | ME | ME | ME | ME | | |
|---|---|---|---|---|---|---|---|
| AVI | S | 3 | 4 | 5 | 6 | 7 | P |
| CLIB | S | 3 | 4 | 5 | 6 | 7 | 8 | P |

geheimen, stelen

Toegekend door Cito i.s.m. KPC Groep

1e druk 2009
ISBN 978.90.487.0312.8
NUR 282

Vormgeving: Rob Galema

© 2009 Tekst: Dirk Nielandt
© 2009 Illustraties: Helen van Vliet
Uitgeverij Zwijsen B.V. Tilburg

Voor België:
Uitgeverij Zwijsen.be, Antwerpen
D/2009/1919/196

# Inhoud

## Dit gebeurde in 'Dievenschool' deel 1 en deel 2

Rolf is een gewone jongen van bijna negen.
Hoewel … zo gewoon is hij niet: hij kan heel
goed stelen. Maar dat zit dan ook in zijn bloed.
Zijn vader is een dief, zijn opa was dat ook.
Rolf wil zelf liever geen dief zijn. Zijn droom is het
een geheim agent te worden. Hij wil een held zijn,
die dieven vangt. Maar dat vindt zijn vader niet
goed. Hij is bang dat zijn zoon dan eerlijk wordt.
Daarom stuurt hij Rolf naar Steelburg. Dat is de
dievenschool. Daar moet de jongen leren liegen,
stelen en bedriegen.
Vanaf de eerste dag háát Rolf die school. Er zijn
geen meesters of juffen. Er zijn alleen dieven en
verraders. Je moet er pakken wat je pakken kunt.
Zelfs je eigen eten moet je stelen.

Gelukkig maakt hij snel vrienden. Gitte en Arthur
maken hem wegwijs op de school. Ze leren hem
hoe hij zich moet redden.
Rolf ontdekt dat ze allebei geheim agent zijn. Ze
zitten op de dievenschool om te leren hoe dieven

te werk gaan. Dan kunnen ze later de dieven beter
pakken. Hun geheim is veilig bij Rolf.
Hij leert er al gauw de kneepjes van het dievenvak.
Hij ontdekt dat hij heel goed is in vermommen.
Hij kan zich heel goed verkleden. De ene keer als
man met baard, dan weer als werkster. Dat komt
als dief goed van pas. En later ook als geheim agent,
want daar droomt hij stiekem nog steeds van.

Rolf ontsnapt uit Steelburg, maar keert nog niet
meteen terug naar huis. Hij gaat eerst naar de
school voor geheim agenten. Daar krijgt hij de
opdracht om terug te keren naar Steelburg. Hij
moet ervoor zorgen dat de school de deuren
sluit. Als de school op reis gaat naar een pretpark,
proberen ze daar alle bezoekers te bestelen. Het lukt
Rolf om de schoolreis te verpesten. Daarna lukt het
hem ook om iedereen uit de school te verjagen.

De dievenschool bestaat niet meer. Opdracht
volbracht!

## 2. Terug naar school

'Er is geen dievenschool meer,' zegt Rolf tegen papa.

'Daar vergis je je in,' grijnst zijn vader. 'Vanaf morgen gaat de school weer open.'

Rolf kijkt zijn vader verbaasd aan.

'Hoe weet jij dat?' vraagt hij.

'Ik heb een brief gekregen. Er is een nieuw schoolhoofd. Die zet orde op zaken. Jij keert morgen terug naar school!'

'Nee papa! Ik wil geen dief worden!'

'Mijn eigen zoon moet dief worden,' roept zijn vader boos. 'Mijn eigen zoon mag geen geheim agent worden! Dat pik ik niet. Jij keert terug naar de school en wordt een goede dief.'

'Maar papa ... stelen is niet goed.'

'Je kent de regels waaraan een goede dief zich houdt,' gromt zijn vader. Die regels zijn:

1. *Steel alleen 's nachts als de mensen slapen.*
2. *Steel alleen van mensen die rijk zijn.*
3. *Maak nooit een kind of een zieke bang.*
4. *Gebruik nooit wapens.*
5. *Laat het huis altijd netjes achter.*

'Ik wil een mooie toekomst voor jou. Ik wil niet dat je eerlijk wordt. Ik wil trots op je kunnen zijn! Je moet een dief worden. Net als ik, net als mijn vader en mijn grootvader. Je moet terug naar de school voor dieven. Ga je tas maar pakken.'

Rolf weet dat het geen zin heeft om zijn vader tegen te spreken. Hij gaat zijn tas pakken.

Maar hij denkt na ... De baas van de geheim agenten moet weten dat Steelburg weer open gaat. Ik moet hem waarschuwen. Maar Rolf krijgt de kans niet om een bericht te sturen. Zijn vader volgt hem door het hele huis.

'Ik weet wat je van plan bent,' zegt hij. 'Je vriendjes waarschuwen. Zet dat maar uit je hoofd. Dit wordt je derde reis naar de dievenschool. Ditmaal zonder kunstjes als geheim agent. Je komt pas terug naar huis als je een dief bent.'

Rolf baalt. Zijn vader laat hem geen moment alleen. Morgen vertrekt hij heel vroeg met de trein naar Steelburg. Zijn moeder geeft hem nog een nachtzoen.

'Sterkte jongen!' fluistert ze. 'Je zal het nodig hebben.'

Ze kijkt hem bezorgd aan. Het lijkt alsof ze nog iets wil zeggen, maar papa staat opeens naast haar.

'De jongen moet vroeg op,' zegt hij. 'Hij heeft slaap nodig.'
Rolfs moeder gaat de kamer uit. Zijn vader knipt het licht uit. Rolf ligt in het donker. Als dit maar goed afloopt, denkt hij.

## De grote schok

De volgende morgen wordt Rolf gewekt door zijn vader. Het afscheid is kort. Zijn vader zet hem op de eerste trein naar Steelburg. Rolf heeft de rit al eens gemaakt.

Wanneer de trein door de kale heuvels rijdt, is Steelburg niet ver meer. Even later stopt de trein in het sombere dorp.

Er stappen veel kinderen uit. Ze gaan terug naar de school. Rolf kent de meeste wel. Er komt een jongen naast hem lopen, die hij nog niet kent.

'Ik ben Bram,' zegt de jongen. 'Leuk dat de school weer open is. Vind je niet?'

Rolf knikt. Een nieuwe, denkt hij.

'Mijn vader is een heel beroemde dief,' zegt Bram. 'Hij heeft de Blauwe Maan gestolen.'

Rolf kijkt hem verbaasd aan.

'Dat is de grootste diamant ter wereld?'

Bram knikt trots.

'Goed hè? En niemand weet waar hij die diamant verstopt heeft. Behalve ik!'

'Weet jij echt waar de Blauwe Maan is?' vraagt Rolf. Hij kan het haast niet geloven. Er wordt al

heel lang naar gezocht.
'Ik weet het echt. Maar ik zeg het mooi niet.'

Rolf draagt zijn tas over de schouder. Dan voelt
hij dat er iemand aan zijn tas trekt. Hij schrikt
en draait zich om. Bram wil stiekem zijn tas
openmaken. Hij steelt iets uit zijn tas. Als een
gauwdief. Rolf trekt zijn tas met een ruk weg.
'Blijf van mijn tas af,' sist hij boos.
Bram loopt snel door en gaat naast een meisje
lopen. Rolf zucht. Hij weet dat hij goed moet
uitkijken. Op de dievenschool wil iedereen alles
van je stelen. Je spullen zijn er niet veilig. Je kunt
niemand vertrouwen.
In de verte ziet hij Steelburg al liggen. Opeens voelt
hij dat er weer iemand aan zijn tas trekt. Hij draait
zich om en roept fel: 'Hou daarmee op!'
Dan kijkt hij in het lachende gezicht van Gitte.
Arthur loopt naast haar.
'Hai!' grijnst Gitte.
'Hoi!' lacht Arthur.
Rolf lacht. Wat is het fijn dat zijn vrienden er weer
zijn. Gitte en Arthur zijn ook geheim agenten.
'Hoe wisten jullie dat de school weer open zou
gaan?' vraagt Rolf.
'Een spion van het geheim agentschap heeft het

nieuws gehoord. Er zou een nieuw schoolhoofd
zijn.'
'Weten jullie ook wie?'
'Nee,' zegt Gitte. 'Een heel goede dief. Maar we
kennen zijn naam niet.'
Ze komen aan bij het kasteel. De poort staat open.
De kinderen gaan naar binnen.
'We kunnen maar beter niet bij elkaar blijven,' zegt
Arthur. 'Stel je voor dat ze denken dat we vrienden
zijn.'

De drie gaan elk apart het kasteel binnen. Rolf gaat
meteen op zoek naar een kamer. Het is druk in de
gangen. Overal zoeken jonge dieven een plek om
te slapen. De dievenschool draait weer op volle
toeren. Rolf vindt een lege kamer. Dat wordt zijn
plek. Hij verstopt zijn tas onder een losse plank
in de vloer. Zo kan niemand zijn tas stelen. Zijn
kleren om zich te vermommen zitten er allemaal in.
Zonder die tas is hij niets.
'Naar de eetzaal! Naar de eetzaal!' roept iemand
in de gang. 'Het nieuwe schoolhoofd houdt een
toespraak.'
Iedereen stormt naar de eetzaal. Rolf ook. Hij is
benieuwd wie de nieuwe baas van de school wordt,
want dat wordt zijn nieuwe vijand. Rolf wil een

goed geheim agent zijn. Hij wil ervoor zorgen dat
de school de deuren moet sluiten.

Alle kinderen zitten vol spanning te wachten. Wie
wordt het nieuwe schoolhoofd? Opeens wordt het
stil. Er verschijnt een man met een zwart masker.
'Ik ben het nieuwe schoolhoofd,' zegt de man. 'Ik
ga ervoor zorgen dat jullie de beste dieven van het
land worden.'
Wie is die man onder dat masker? vraagt Rolf
zich af. Waar ken ik hem van? Zijn stem komt me
bekend voor.
'Durft u dat masker niet af te doen?' roept hij luid
door de zaal.
Iedereen kijkt hem aan. Wat een lef om dat te
vragen. Iedereen denkt dat Rolf een uitbrander zal
krijgen. Maar het schoolhoofd blijft heel kalm.
'Dus jij wilt weten wie ik ben?' vraagt hij.
'Ja,' zegt Rolf.
'Je hebt wel lef,' zegt de man streng.
'Een dief moet lef hebben,' zegt Rolf brutaal.
Het wordt muisstil in de zaal.
'En ook nog praatjes!' zegt de man dreigend.
Nu komt het, denkt iedereen. Nu krijgt Rolf straf.
Maar de man met het masker blijft kalm.
'Je hebt gelijk,' zegt hij. 'Een dief moet lef hebben.'

De man zet zijn masker af en kijkt Rolf grijnzend
aan. Rolf voelt een koude rilling over zijn rug
lopen. Hij kan het niet geloven! Het lijkt alsof er
een bom in zijn hoofd ontploft.
Het nieuwe schoolhoofd is ... zijn vader!

## De toespraak

Rolf staart geschokt naar de man. Hij kan niet geloven dat zijn vader de nieuwe baas is. Het duurt een poos voor hij van de schrik bekomen is. Zijn oren suizen. Zijn handen voelen klam en koud.

Zijn vader houdt een toespraak, maar de helft van wat hij zegt, hoort Rolf niet. Zo geschokt is hij. Zijn vader praat over sport. Dieven moeten fit, lenig en snel zijn. Daarom wil Rolfs vader dat iedereen gaat sporten. Er komt een grote wedstrijd. Er doet ook een andere school mee. Een gewone school. Die weten niet dat ze naar een school vol dieven komen. Rolfs vader geeft de opdracht om vals te spelen. Alles is goed om te winnen.

Maar Rolf luistert niet. Hij piekert zich suf. Wat bezielt papa? Waarom is hij de nieuwe baas? Waarom heeft hij er thuis niets over verteld? Niemand op school weet dat de man zijn vader is. Rolf is bang. Als Gitte en Arthur het weten, mag hij misschien geen geheim agent meer zijn.

Na de toespraak wacht Rolf tot de eetzaal leeg is. Dan stapt hij op zijn vader af.

'Papa ... hoe ...wat?' stamelt hij.

Maar zijn vader laat hem niet uitspreken en spreekt hem streng toe.

'Hier ben ik je vader niet, maar de baas van de school.'

'Hoe komt dat?'

'Daar heb ik zelf voor gezorgd,' zegt zijn vader. 'Het is mijn idee om de school weer te openen.'

'Waarom?'

'Omdat ik wil dat mijn zoon een dief wordt. Nu kan ik je op het rechte pad houden. Ik zal voor jou strenger zijn dan voor anderen.'

Rolf baalt. Hoe kan hij geheim agent zijn als zijn vader hem bespioneert?

Die nacht ligt hij in bed te tobben. Hoe kan hij zijn vader te slim af zijn? Moet hij aan Gitte en Arthur vertellen dat de nieuwe baas zijn vader is? Of moet hij het geheim houden? Rolf is in de war. Het duurt een hele poos voor hij in slaap valt.

De volgende morgen wordt hij wakker van kabaal op de gang. Wat gebeurt er?

'Iedereen moet naar buiten,' zegt Bram. 'Wie het laatst op het sportveld is, krijgt straf.'

Rolf kleedt zich snel aan, maar hij komt als laatste aan.

'Tien rondjes rond het veld!' zegt zijn vader.

Rolf kijkt hem boos aan.

'Nu!' roept zijn vader. 'Of ik maak er twintig van.'

Rolf baalt, maar loopt zijn straf uit. Zijn vader
vertelt aan iedereen dat ze naar een sportzaak gaan.
Daar moet iedereen nieuwe loopschoenen stelen.
Hoe duurder, hoe beter.

Niet ver van de dievenschool is een grote sportzaak.
Opeens stormt er een grote groep kinderen naar
binnen. De verkopers in de zaak weten niet wat
hen overkomt. Wat een drukte!

'Kan ik iets voor je doen?'

'Welke schoen wil je?'

'Wat is je maat?'

Zodra een verkoper zich omdraait, pakt iemand
een schoen en stopt die onder zijn jas. De hele zaak
wordt leeg geroofd. De verkopers zijn zo druk in de
weer dat ze niet zien dat ze bestolen worden. Rolf
vindt het heel naar. Hij wil dat dit stopt. Maar zijn
vader houdt hem steeds in het oog.

Rolf gaat met zijn rug naar zijn vader staan. Hij
spreekt een verkoper aan.

'Meneer, er wordt hier veel gestolen,' zegt hij.

'Welke schoen had je gewenst?' vraagt de verkoper.

Hij hoort me niet, denkt Rolf. Ik wil hem
waarschuwen, maar hij luistert niet.

'Er wordt in de winkel ge..' zegt Rolf. Maar hij kan zijn zin niet afmaken. Zijn vader komt naast hem staan.

'En?' vraagt zijn vader. 'Heb je al een paar schoenen?'

'Nog niet,' zegt Rolf.

'Haast je maar,' grijnst zijn vader. 'Straks zijn ze allemaal weg. Wie zonder buit terugkeert naar school, krijgt straf.'

Rolf baalt.

'Ik moet plassen,' zegt hij tegen een verkoper. De man wijst hem de wc.

Rolf haast zich naar de wc. Hij moet iets bedenken. Plots ziet hij een kast. Hij trekt de deur van de kast open. Er hangt een trui in en een broek, vast van de poetsploeg.

Daar kan ik me mee vermommen, denkt Rolf. Hij trekt de trui aan en de broek. In de zak van zijn jas heeft hij altijd een valse baard bij de hand. Hij plakt de baard op zijn kin.

Zo stapt hij de zaak weer in. Hij ziet zijn vader zoeken.

Papa zoekt me, maar hij herkent me niet. Goed zo, denkt Rolf.

Zijn vader klapt in de handen. Iedereen wordt stil en luistert naar hem.

'We gaan nu weer naar de school,' roept hij.

'Maar ... jullie hebben niets gekocht?' zegt een verkoper verbaasd.

'Volgende keer,' grijnst papa.

'Wacht!' roept Rolf.

Iedereen kijkt naar hem. Niemand ziet dat hij Rolf is met die kleren en die baard.

'Iedereen moet, voor hij weggaat, zijn zakken leeg maken!'

De kinderen schrikken. Ze hebben allemaal schoenen gestolen.

'Kom! Zakken leeg!' zegt Rolf streng.

De kinderen halen een voor een hun zakken leeg. Ze halen er schoenen uit. Als iedereen klaar is, ligt er een berg schoenen op de grond. De verkopers geloven hun ogen niet.

'Dat ... dat is diefstal!' zegt er een.

'RENNEN!' roept pap dan.

Alle kinderen stormen de zaak uit. Ze slaan op de vlucht. Rolf haast zich om zijn vermomming uit te doen. Hij trekt ook de valse baard los. Dan rent hij als Rolf naar buiten, achter de anderen aan.

Dan is zijn ze weer op school.

'Dat scheelde maar een haar,' zegt Bram.

Rolfs vader is boos.

'Heeft er iemand iets gestolen?' vraagt hij boos.

'Ik,' grijnst Rolf. Hij haalt een veter uit zijn zak. 'Ik win!'

'Alle anderen tien keer rond het veld rennen,' gromt Rolfs vader boos.

Iedereen loopt hard rond het veld. Rolfs vader komt naast Rolf staan.

'Was jij die man met de baard?' fluistert hij.

'Ik? Hoe kom je daarbij?!'

'Ik zie dat er nog haar op je kin plakt.'

Rolf schrikt. Hij tast naar zijn kin. Er hangt geen haar aan. Maar zijn vader zag wel hoe hij schrok. En hoe hij naar zijn kin greep. Zijn vader knikt.

'Ik dacht wel dat jij het was,' sist hij boos. 'Je hebt me één keer gefopt. Dat lukt je geen tweede keer! Nog één keer en ik sluit je op in de kerker.'

Daarmee is voor Rolfs vader de kous af. Rolf zal de volgende keer beter moeten uitkijken ...

## De andere school

De volgende dag komt er een bus op Steelburg aan. De bus zit vol met kinderen van een andere school. Ze komen voor de wedstrijd.
Rolfs vader spreekt in de kantine iedereen van de dievenschool toe.
'Wees sportief!' zegt hij. 'Speel dus vals! Lieg en bedrieg! Zorg dat je wint. Ik reken op jullie.'
De hele school juicht. Buiten wacht de andere school. De kinderen van de dievenschool rennen naar buiten.
'Waar zijn de kleedkamers?' vraagt een juf van de gewone school.
'Aan de andere kant van de heuvel,' liegt Bram.
De juf kijkt naar de heuvel.
'Dat is ver,' zegt ze.
'Ja, dat is een flink eind,' zegt Bram.
De juf gaat op pad. De kinderen van haar school volgen haar.
'Daar zijn toch geen kleedkamers?' vraagt Rolf verbaasd. 'Laat ze dat zelf maar uitzoeken,' lacht Bram. 'Laat ze zich maar moe lopen. Als ze moe aan de wedstrijd beginnen, winnen wij.'

Rolf knikt. Slim van Bram, denkt hij. Maar ik moet de juf zeggen dat ze wordt beetgenomen.

'Ik ga me omkleden,' zegt Bram.

Zodra Bram weg is, rent Rolf achter de juf aan.

'Mijn vriend maakte een grap,' zegt hij. 'De kleedkamers zijn hier om de hoek.'

De juf lacht. Ze keert om en gaat naar de kleedkamers.

Opeens staat Rolfs vader naast hem.

'Wat heb je dat mens verteld?' vraagt hij.

'Ik zei haar dat de kleedkamers aan de andere kant van de heuvel zijn. Maar ze geloofde me niet.'

Zijn vader knikt tevreden.

'Goed zo,' zegt hij. 'Ga zo door. Lieg en bedrieg zoveel je maar kunt!'

Rolf gaat naar de kleedkamer. De kinderen van de andere school trekken hun sportkleren aan.

'Zijn hier kastjes met een slot?' vraagt de juf.

'Waarom?' vraagt Bram.

'Om onze spullen op te bergen,' zegt de juf.

'Maak je daar geen zorgen over,' liegt Bram. 'Hier wordt niet gestolen.'

Rolf heeft het gehoord en zucht. Straks zijn die kinderen al hun spullen kwijt, vreest hij. Hij moet hen helpen!

Rolf haast zich naar zijn kamer. Hij vermomt zich als een meisje. Dan keert hij met een lege doos terug naar de kleedkamer.

'Doe alles maar in deze doos,' zegt hij tegen de juf. Het valt niet mee om de stem van een meisje na te doen. Maar de juf gelooft hem. Ze stopt alles in de doos. Daarna verstopt Rolf de doos op de zolder boven het kleedhok. Daar zijn hun spullen veilig, hoopt hij.

Ondertussen zoekt zijn vader hem. Waar is dat joch? vraagt hij zich af. Heeft hij zich vermomd? Gaat hij ons verraden? Gaat hij ervoor te zorgen dat alles eerlijk verloopt?

Dat probeert Rolf inderdaad.

'Kijk goed uit,' zegt hij tegen de juf. 'Onze school speelt graag vals. Laat je niet bedriegen.'

De vrouw kijkt hem verbaasd aan. Rolf wil zeggen dat ze op de dievenschool zijn, maar zijn vader komt binnen.

'Heeft iemand Rolf gezien?' vraagt hij. 'Een jongen met zwart haar.'

De juf haalt haar schouders op. Weet zij veel. Rolf maakt gauw dat hij wegkomt. Hij is bang dat zijn vader hem herkent.

Maar zijn vader denkt dat hij zich met een baard

vermomt. Rolf ziet hem naar een man met een baard gaan. Die man zat achter het stuur van de bus. Zijn vader trekt aan de baard van de man. 'Auw!' roept de man uit. 'Je doet me pijn. Waarom doe je dat?'
Rolfs vader bekijkt de man van top tot teen.
'Jij bent het, hè Rolf?' vraagt hij. Dan trekt hij weer aan de baard van de man. Die maakt zich nu echt kwaad.
'Wie denk je wel dat je bent?' roept hij boos. 'Wil je soms vechten?'
Rolfs vader schudt het hoofd.
'Mmmnee, je bent Rolf niet. Het spijt me.'
Dan keert hij zich om en gaat weg. Hij gaat naar een andere man met een baard, een leraar van de andere school. Rolfs vader trekt ook die man aan zijn baard.
'Au! Ben je gek! Wat bezielt je?' roept die man.
Rolfs vader schudt het hoofd.
'Jij bent Rolf ook al niet.'
Hij gaat weg en zoekt verder. Rolf lacht. Zijn vader weet niet dat hij zich soms als meisje vermomt.
Goed zo, denkt Rolf.

Zijn vader geeft het zoeken na een poos op. Hij gaat naar het veld en roept iedereen samen.

'Maak je allemaal klaar. De wedstrijd gaat zo
beginnen. De eerste proef is honderd meter rennen.
Moge de beste winnen!'

Er volgt een luid applaus. Rolf heeft zich snel
omgekleed. Hij loopt er weer gewoon als Rolf bij.
Hij is van plan om eerlijk te sporten. Zijn vader
komt bij hem staan.

'Daar ben je,' sist hij. 'Voer je iets in je schild?'

'Ja,' zegt Rolf. 'Ik ga vals spelen.'

'Goed zo, jongen. Je leert het nog!'

Zijn vader geeft hem een klopje op de schouder.
Even later komen Gitte en Arthur op Rolf af.

'Wat gebeurt er?' vraagt Gitte. 'Waarom staat de
baas van de school zo vaak bij jou? Het lijkt wel of
je hem kent. Is dat zo?'

Rolf aarzelt. Zal hij zeggen dat het zijn vader is? Of
niet?

Net als hij wil praten, blaast er iemand op een
fluitje. Het is de juf van de andere school. De
wedstrijd begint.

## De wedstrijd

De twee scholen staan klaar op het veld. Er staan vier leerlingen van de dievenschool aan de start. Daarnaast staan er vier van de andere school.

Rolfs vader staat langs de kant. Hij heeft het startpistool vast.

'Iedereen klaar voor de start?' zegt hij. 'Drie ... twee ...'

En op twee rennen de vier kinderen van de dievenschool al.

'Één ... start!' roept Rolfs vader en schiet met het pistool in de lucht. Nu pas beginnen de vier van de andere school te rennen. Ze verliezen.

De juf van de andere school komt bij Rolfs vader klagen.

'Dat was niet eerlijk,' zegt ze. 'De vier kinderen van uw school liepen te vroeg.'

'Vind je dat ik vals speel?' vraagt Rolfs vader boos. De juf schrikt van die vraag.

'Nou ... eh ... dat ook niet. Het was misschien een vergissing, maar ...' stamelt ze.

'Je hebt het vast verkeerd gezien,' zegt Rolfs vader.

De juf twijfelt nu. Misschien heb ik me vergist denkt ze.

Intussen staan er acht nieuwe kinderen aan de start. Er gaan weer vier kinderen van de dievenschool tegen de gewone school rennen.
'Klaar voor de start!' roept Rolfs vader. 'Drie ... twee ...'
De vier kinderen van de dievenschool schieten uit hun startblok. De juf loopt kwaad de baan op.
'Zie je wel,' zegt ze. 'Jullie spelen vals!'
Rolfs vader kijkt haar kwaad aan.
'Jij speelt vals! Je loopt de baan op. Door jouw schuld loopt alles in het honderd.'
De juf kijkt hem boos aan.
'Geef mij dat pistool,' zegt ze streng. 'Ik zorg ervoor dat het nu eerlijk verloopt.'
Er gaan nieuwe kinderen klaarstaan.
'Op je plaats ...' roept de juf. 'Wie voor het schot start, vliegt uit de wedstrijd. Drie ... twee ... één ...'
Er volgt een schot. De kinderen rennen over de baan. Vier van de dievenschool tegen vier van de gewone school. Bram merkt dat hij niet snel genoeg is. Hij pakt een jongen van de gewone school bij zijn trui. De jongen valt. Bram rent hem voorbij en wint.

'Hoera!' roept Bram.
Maar iedereen van de andere school roept: 'Ze
spelen vals! Boe!'
Rolfs vader roept naar iedereen van de
dievenschool: 'Hebben jullie iets gezien?'
'Néééé!' roepen ze in koor.
'Zie je wel!' zegt Rolfs vader tegen de juf. 'Er is niks
verkeerds gebeurd. Wij gaan aan kop!'
De juf kijkt hem heel kwaad aan.
'Dit pik ik niet,' zegt ze boos. 'Zo doen wij niet
mee. We gaan nu naar huis.'

De hele school stapt op de bus. Rolf baalt. Hij vind
het niet leuk om vals te spelen. Zo is er geen lol aan
een wedstrijd. Zo is winnen saai.
'Morgen komen we terug,' zegt de juf. 'Dan nemen
we iemand mee, die kijkt of alles eerlijk verloopt.
Iemand die ingrijpt als er vals wordt gespeeld.'
'Dat is goed,' lacht Rolfs vader. 'Tot morgen!'
De bus van de andere school vertrekt.
'Hoera!' roept Bram.
'Waarom ben je zo vrolijk?' vraagt Rolf.
'Omdat ze een doos vergeten zijn. De doos stond
op zolder. Al hun dure spullen lagen erin. Die doos
is nu van mij. Ha ha!'
'Hoe kom je dan aan die doos?' vraagt Rolf.

39

'Dat zijn je zaken niet,' zegt Bram. 'Ik heb de doos nu. Ik ben er de baas van. Ik heb hem op een andere plek verstopt.'

Rolf zucht. Hij moet die doos vinden. Hij moet de kinderen van de andere school morgen hun spullen terug kunnen geven. Hij wil ook de dievenschool klein krijgen. Hij moet de baas van de geheim agenten waarschuwen. Die kan dan hulp sturen.

Rolf loopt naar binnen. Hij wil naar de toren. Daar kan hij een bericht met de postduif sturen. Maar zijn vader houdt hem tegen.

'Waar ga je heen?'

'Naar binnen,' zegt Rolf.

'Wat ga je doen?'

'Ik heb een plan om die school morgen te laten verliezen.'

'Echt waar?'

'Echt waar.'

Zijn vader knikt tevreden.

'Heel goed,' zegt hij. 'Ik wil dat je straks dat plan aan iedereen vertelt.'

Rolf slikt. Hij heeft helemaal geen plan. Dus moet hij gauw een plan maken. Zijn vader laat hem gaan.

'Niet vergeten hoor,' zegt hij. 'Straks stel jij je plan voor! Ik ben heel benieuwd.'

Een zorg voor later, denkt Rolf. Eerst wil hij een
bericht met de postduif versturen ...

## De Blauwe Maan

Rolf haast zich naar de toren. Die staat in een hoek van het kasteel. Er komt bijna nooit iemand. Dus is het een goede plek om duiven te houden. De dieren vliegen nieuws van en naar de baas van de geheim agenten. Rolf vindt het dan ook niet vreemd dat hij er Gitte en Arthur aantreft.

'Zijn jullie ook van plan een bericht te versturen?' vraagt Rolf.

Ze kijken hem boos aan.

'Wat is er?' vraagt Rolf verbaasd.

'We hebben een brief gekregen,' zegt Gitte. 'Daar staat in wie de nieuwe baas van onze school is.'

Rolf schrikt. Ze weten het.

'Je vader!' zegt Gitte boos.

'Waarom heb je ons dat niet verteld?' vraagt Arthur.

'Ik wilde wel, maar ...'

Rolf kan zijn zin niet afmaken. Zijn vader staat er opeens. Hij onderbreekt Rolf.

'Hoi,' grijnst pap. 'Wat gebeurt hier?'

Gitte en Arthur schrikken. Ze verbergen de duif snel achter hun rug. Maar Rolfs vader heeft hem al gezien.

'Is dat een postduif? Van wie krijgen jullie post?'

'Pap, laat mijn vrienden met rust,' probeert Rolf.

Maar zijn vader pakt de duif van Gitte af. Hij ziet ook dat Arthur een brief in zijn hand heeft. Hij pakt de brief af en leest voor: 'De nieuwe baas is de vader van Rolf. Vertrouw Rolf niet meer.'

Rolf schrikt. Zijn vrienden mogen hem niet meer vertrouwen? Rolfs vader grijnst vals.

'Een brief van de baas van de geheim agenten,' zegt hij. Dan leest hij verder: 'De Blauwe Maan bevindt zich in Steelburg.'

Rolfs vader knikt blij.

'Goed zo, jongen,' zegt hij tegen Rolf. 'Goed dat je hen verraden hebt. Bedankt.'

Nu schrikt Rolf. Hij heeft Gitte en Arthur niet verraden.

'Ik gooi die twee in de kerker,' zegt zijn vader streng. 'Dan zijn we verlost van dat gespuis.'

Rolfs vader neemt Gitte en Arthur mee.

'Ik heb jullie niet verraden. Pap is me stiekem gevolgd,' roept Rolf hen na.

Maar Gitte en Arthur geloven hem niet. Ze geloven dat Rolf zijn vader helpt en hen verraden heeft.

'Ik verwacht je zo in de eetzaal,' zegt zijn vader tegen hem. 'Dan wil ik horen welk plan je hebt om van die stomme school te winnen. Daarna gaan

we op zoek naar de Blauwe Maan. De grootste
diamant van de wereld moet van ons worden!'
Rolfs vader lacht. Hij verdwijnt met Gitte en
Arthur.
Wat een rotstreek van papa, denkt Rolf. Hij maakt
me verdacht bij mijn vrienden. Maar ik bevrijd hen
nog wel. Eerst moet ik iets verzinnen ... een list ...

Even later staat Rolf in de eetzaal. Rolfs vader zegt
dat iedereen naar Rolf moet luisteren. Het wordt
stil. Iedereen kijkt naar Rolf. Hij kucht.
'Vooruit joh,' zegt zijn vader streng. 'Wat gaan we
morgen doen om van die school te winnen?'
'Wel euh ...' stamelt Rolf. 'Ik stel voor dat we hen
iets te drinken geven. Maar we doen iets door
hun drank. Iets waar ze buikloop van krijgen.
Dan kunnen ze niet sporten. Dan winnen wij elke
wedstrijd.'
Zijn vader kijkt hem verbaasd aan.
'Dat is een briljant idee!' zegt hij. 'Een applaus voor
Rolf!'
Rolf krijgt applaus. Daarna gaat iedereen op zoek
naar iets om te eten. Zijn vader komt bij hem
staan.
'Je vrienden zitten in de kerker. Van hen hebben
we geen last meer. Je idee om de andere school

ziek te maken, is briljant. Ga je je nu als een dief gedragen? Is het nu dan voorbij met die droom om geheim agent te worden?'

Rolf kijkt zijn vader aan. Hij aarzelt, maar knikt dan. Zijn vader glimlacht blij.

'Je bent geboren als dief,' zegt hij. 'Dat is je lot. Daar ontsnap je niet aan. Je opa was een dief, ik ben er één, ook jij zal dief worden. We gaan zoeken naar de Blauwe Maan. Hij moet op Steelburg zijn. Als we de steen vinden, zijn we rijk. Maar vergeet niet: mondje dicht. Je mag er met niemand over praten. Goed?'

'Goed,' zegt Rolf.

Hij en zijn vader gaan ieder een kant op. Rolf weet dat Brams vader de dief is van die steen. Rolf weet ook dat Bram op de zolder van het kleedhok was. Wat deed Bram daar? Heeft hij de Blauwe Maan soms op die zolder verstopt? Rolf besluit er te gaan zoeken.

Hij pakt een zaklamp en gaat op de zolder speuren. Het is er donker en er ligt veel stof. Een goede plek om een diamant te verstoppen. Rolf gluurt in alle hoeken. Hij kijkt in kieren en spleten. Hij zoekt onder losse planken. Geen spoor van de diamant. Misschien heeft Bram de steen wel ergens anders verstopt.

Dan schijnt hij met de zaklamp op de muur. Er
zit een baksteen scheef. Zou die steen loszitten?
Hij trekt aan de steen en ... Hij kan de steen uit de
muur halen! In het gat in de muur staat een doos.
Rolf kijkt wat erin zit ...
Oooh!
Een grote, blauwe diamant: de Blauwe Maan. Dat
ding is veel geld waard. Er wordt al heel lang naar
gezocht. Rolf bewondert de steen. Wat een mooie
steen!
Hij zou die steen zelf kunnen houden. Of hij zou
pap kunnen zeggen dat hij de steen gevonden heeft.
Wat zou papa trots op me zijn, denkt Rolf. We
zouden heel rijk zijn. Ik zou een beroemde dief
worden. Zal ik de steen gewoon bij me houden?
Hij aarzelt ... Dan laat hij de diamant in de zak van
zijn broek glijden. Die is van mij, denkt hij. Die
pakt niemand me nog af ...

## Een nieuwe dag

Het is nacht. Rolf ligt in bed. Maar hij kan niet slapen. Hij heeft de Blauwe Maan in zijn hand en denkt na. De diefstal van deze steen kan hem beroemd en rijk maken. Hij heeft de diamant eerlijk gevonden. Waarom zou hij die terug moeten geven? De eigenaar van de diamant is al rijk genoeg. Zou papa gelijk hebben? Zou hij dan toch een dief zijn?

Opeens gaat Rolf rechtop in bed zitten.

'Ik wil geen dief worden,' zegt hij hardop tegen zichzelf. 'Ik wil geheim agent worden.'

Hij staat op en sluipt stil naar beneden. Hij daalt de trap af tot in de kerkers.

'Pssst ...' zegt hij.

Gitte en Arthur wrijven de slaap uit hun ogen.

'Wie is daar?' vraagt Gitte.

'Ik ben het, Rolf!'

'Ah, de verrader!' zegt Arthur.

'Ik ben geen verrader,' zegt Rolf. 'Ik ben een geheim agent en ik heb de Blauwe Maan gevonden.'

Hij laat de diamant aan zijn vrienden zien. Ze kijken hem verbaasd aan.

'Als onze baas dit hoort, krijg je een beloning,' zegt Gitte.

'Maar eerst moeten we hier weg,' zegt Arthur. 'Heb je een sleutel?'

'Het spijt me,' zucht Rolf. 'Mijn vader heeft de sleutel.'

'Hier is de sleutel!' zegt opeens een stem. De drie kinderen schrikken. Rolfs vader staat daar. Hij is Rolf weer stiekem gevolgd.

'Je stelt me teleur, zoon,' zegt hij. 'Maar ik had wel verwacht dat je zou proberen om je vrienden te bevrijden.'

'Laat ze vrij, papa. Ze hebben je niets misdaan.'

'Geen sprake van,' zegt Rolfs vader.

'En als ik je de Blauwe Maan geef?'

Rolfs vader kijkt zijn zoon verbaasd aan.

'Heb jij de diamant?'

Rolf geeft hem de steen. Zijn vader gelooft zijn eigen ogen niet. Hij houdt de duurste diamant ter wereld in zijn hand en staart er naar. Wat een buit! Wat een rijkdom!

Rolfs vader merkt niet dat Rolf stiekem de sleutel van de kerker uit zijn broekzak steelt. Rolf opent de deur. Gitte en Arthur sluipen stil weg. Rolf port zijn vader in de rug. Zijn vader doet enkele stappen vooruit. Zonder dat hij het merkt, is hij in de kerker gestapt. Zijn blik laat de diamant niet los. Het lijkt of er niks anders meer bestaat.

Dan duwt Rolf de deur van de kerker dicht. Hij draait de sleutel om.

'Beet!' zegt Rolf.

Zijn vader schrikt. Hij kijkt op en ziet nu dat hij in de kerker zit. 'Laat me eruit!' roept hij boos.

'Nee,' zegt Rolf streng. 'Blijf jij maar hier. Met je Blauwe Maan.'

Rolf draait zich om en vertrekt. Zijn vader roept hem woedend na.

'Doe die deur open! Laat me vrij!'

Maar Rolf doet alsof hij hem niet hoort. Hij gaat naar buiten, naar Gitte en Arthur.

'Het spijt me dat we je niet vertrouwden,' zegt Gitte.

'Dat spijt me ook,' zegt Arthur. 'Het moet hard zijn om je eigen vader op te sluiten.'

'Doet er niet toe,' zegt Rolf. 'Ga naar de baas van de geheim agenten. Zeg hem wat hier gebeurt.'

'Morgen komt die andere school terug,' zegt Gitte.

'Dat los ik wel op. Zorgen jullie maar dat er agenten komen om de dievenschool te sluiten.'

'Je bent flink,' zegt Arthur. Hij legt zijn hand op Rolfs schouder. Rolf knikt dankbaar. Dan draaien Gitte en Arthur zich om en vluchten weg.

De dag erna zit zijn vader nog altijd in de kerker.

'Laat me eruit!' roept hij boos.

'Nog niet,' zegt Rolf.

'We zijn rijk. We kunnen al onze dromen waarmaken. Denk toch na, mijn zoon.'

Rolf kijkt zijn vader aan. Hij houdt de diamant nog altijd in zijn hand geklemd. Hij lijkt niet van plan die steen nog ooit los te laten.

Buiten klinkt de motor van een bus. Daar is de andere school.

'Ik moet alles klaarmaken voor de wedstrijd,' zegt Rolf.

De juf en de kinderen van de andere school stappen uit. Er stapt ook een scheidsrechter uit.

'Hij zal kijken of alles eerlijk verloopt,' zegt de juf.

'Dat is een goed idee,' zegt Bram tegen de juf. Hij knipoogt naar Rolf.

'In de kantine staan de drankjes,' fluistert hij. 'Er zit een middel in waarvan ze ziek zullen worden. Dan winnen wij alles. Hè hè hè.'

Rolf knikt.

'Voor de wedstrijd begint, bieden we jullie een drankje aan,' zegt Bram tegen de juf. 'Kom maar mee.'

De juf en de kinderen volgen Bram. Rolf haast zich naar de kantine. Hij wil iedereen voor zijn. Hij stormt de kantine binnen en ziet dat er twee tafels met drankjes staan. Bij de ene tafel hangt een blad waar *Steelburg* op staat. Bij de andere tafel een blad met *Gasten*. Rolf wisselt die bladen snel om. Net op tijd. Daar komen ze binnen.

'Op die tafel staan jullie drankjes,' zegt Bram. Hij wijst naar de tafel met het blad *Gasten*.

'Dank je wel,' zegt de juf. 'Heel lief van jullie.'

Alle kinderen nemen een drankje. Iedereen van de dievenschool neemt ook een drankje. Niemand weet dat Rolf de bladen verwisseld heeft. Rolf drinkt mee met de andere school.

'Zijn we klaar voor de wedstrijd?' vraagt de juf.

'Wij zijn klaar,' grijnst Bram.

Iedereen gaat naar het sportveld. Er gaan vier kinderen van de dievenschool aan de start staan. Daarnaast vier van de andere school. De juf en de scheidsrechter staan langs de kant.

'Iedereen klaar voor de start?' vraagt de juf. 'Drie ... twee ... één ... start!'

Iedereen begint te rennen. Maar ... waar rennen die van de dievenschool heen? Ze rennen naar het kleedhok. Naar de wc. Ze krijgen plots kramp. Ze kreunen van de buikpijn.

'Au, ai, oe,' klagen ze.

'Een aanval van kramp?' vraagt de scheidsrechter.
'Dat geloof ik niet. Ze houden ons voor de gek. Ze
spelen vals. Wij winnen!'
Iedereen van de andere school juicht. Die van de
dievenschool niet. Ze staan in de rij voor de wc.
Rolf lacht. Hij heeft ze mooi te pakken.
'Gaat het, Bram?' vraagt hij.
'Au, nee, pijn in mijn buik,' kreunt Bram.
'Bedankt voor de Blauwe Maan,' zegt Rolf. 'Ik
vond hem in een kist, achter de losse baksteen.'
Bram schrikt.
'Misschien geef ik hem wel terug,' zegt Rolf. 'Maar
dan moet jij me vertellen waar je de doos met
spullen van de andere school verstopt hebt.'
Bram legt uit waar hij de doos heeft verstopt.
Rolf gaat de doos halen en geeft alles terug aan de
andere school.
'Krijg ik dan nu de steen terug?' vraagt Bram.
Rolf lacht. 'Dat had ik niet beloofd. Ik had gezegd:
misschien geef ik hem terug!'
Bram voelt zich bedrogen. Hij kijkt Rolf erg boos
aan.

Dan klinkt er een sirene. Iedereen schrikt. Er
komen agenten aan. Ze zijn met veel. Er is paniek
bij iedereen van de dievenschool.

'Ze komen ons aanhouden,' zegt Bram bang.

Iedereen vlucht weg. Ze rennen over de heuvels, het bos in, weg van Steelburg.

Rolf gaat snel naar de kerker waar zijn vader zit.

'Er zijn agenten,' zegt Rolf. 'Ze zullen je aanhouden.'

'Laat me dan gaan! Ik ben je vader!'

'Geef me eerst de diamant,' zegt Rolf. 'Dan laat ik je gaan.'

'Nooit,' zegt zijn vader. 'Die steen is van mij!'

'Straks pakken de agenten hem toch van je af. En dan moet je naar de gevangenis.'

Zijn vader denkt na. Hij wil de diamant niet geven. Maar hij hoort de agenten al komen.

'Hier is de steen dan,' zegt hij sip.

Rolf neemt de Blauwe Maan en opent de kerker.

'Maak dat je wegkomt,' zegt Rolf.

'Deze ronde win jij,' sist zijn vader. 'Maar je denkt toch niet dat je het volhoudt om eerlijk te zijn? Dief zijn zit in je bloed. Op een dag zul je zien dat je ook een dief bent.'

'Misschien wel,' zegt Rolf. 'Maar die dag is nog ver weg.'

Rolfs vader vlucht weg. Hij kan net op tijd aan de agenten ontkomen. Rolf geeft de Blauwe Maan aan een agent.

'Daar hebben we lang naar gezocht,' zegt de agent.
'Er staat je een grote beloning te wachten.'
Gitte en Arthur zijn met de agenten meegekomen.
Het is een fijn weerzien tussen de vrienden.
'Het is ons gelukt,' zeggen ze. 'Iedereen is weg. We
kunnen Dievenschool weer sluiten.'
Rolf knikt. Het is ze gelukt. Eind goed, al goed.
Maar ... voor hoelang?

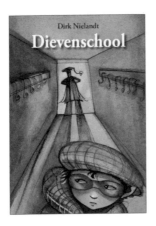

*Dirk Nielandt*
**Dievenschool**

Rolf komt uit een familie vol dieven.
Zijn opa, zijn vader …
Rolf moet van zijn vader ook dief worden.
Zijn vader stuurt hem naar de beste dievenschool
van het land.
Rolf leert er stelen, liegen en bedriegen als de beste.
Maar hij ontdekt er ook iets.
Iets wat hij maar beter geheim kan houden …

*Met tekeningen van Helen van Vliet*

**2e prijs 2009**

*Dirk Nielandt*
**Dievenschool op vrije voeten**

Rolf komt uit een familie vol dieven. Zijn vader
stuurde hem naar de dievenschool. Maar Rolf liep daar
weg in het eerste verhaal. Hij wil liever geheim agent
worden …

In dit tweede verhaal keert Rolf terug naar de dievenschool. Niet om dief te worden, maar met een geheime
missie. Hij moet ervoor zorgen dat er niets meer
gestolen wordt.
Ze gaan op schoolreis naar een pretpark. Een pretpark
vol met dieven … Als dat maar goed gaat!

*Met tekeningen van Helen van Vliet*